Kendimle Mutluyum
Glücklich mit mir

By Marisa J. Taylor
Illustrated by Vanessa Balleza

BILINGUAL

Turkish - German

Ten rengimi seviyorum. Ben eşsizim ve olduğum gibi güzelim.

Ich liebe die Farbe meiner Haut. Ich bin einzigartig und wunderschön von innen heraus.

Kim olduğumla ve yapabileceklerimle gurur duyuyorum.

Ich bin stolz darauf, wer ich bin und was ich kann.

Kendim olabilmek beni yürekten mutlu ediyor.

So zu sein, wie ich bin, macht mich glücklich.

Şarkı söylemeyi, dans etmeyi ve arkadaşlarımla oynamayı çok seviyorum, ama bu sadece benim. Bu beni mutlu ediyor.

Ich liebe es zu singen, zu tanzen und mit meinen Freunden zu spielen. So bin ich eben und das macht mich glücklich.

Ya sen? Seni neler mutlu eder?

Was ist mit dir? Was macht dich glücklich?

Bazı arkadaşlarım oyuncaklarla oynamayı ve çok fazla gürültü yapmayı severler. Bu onları neşelendirdiği için bunda sorun yok.

Ein paar meiner Freunde spielen gerne mit Spielzeug und machen viel Lärm. Das ist auch okay, denn die machen es gern.

Bazı arkadaşlarım şarkı söylemeyi, dans etmeyi ve sohbet etmeyi sever. Bunda da sorun yok çünkü herkes farklı ve kendince özeldir.

Einige meiner Freunde lieben es zu singen, zu tanzen und viel zu reden. Das ist okay, weil jeder anders und ganz besonders ist in seinem Wesen.

Ich gebe mein Bestes, und bin genau richtig, so wie ich bin.

Kendimi, tanıdığım diğer çocuklarla karşılaştırmam. Kim olduğumla ve özgürce kendim olabilmemle gurur duyuyorum.

Ich vergleiche mich nicht mit den anderen Kindern, die ich sehe. Ich bin stolz auf mich und frei, ich selbst zu sein.

Bazı çocuklar seni üzecek şeyler söyleyebilirler.

Manche Kinder werden Dinge sagen, die dich traurig machen werden.

Onların ne dediklerini dinleme ve mutlu olmaya devam et.

Achte nicht auf ihre Worte, lass dir deine Freude nicht verderben.

Olabileceğimizin en iyisi olmak icin hadi birbirimizi destekleyelim.

Wir helfen einander, das Schöne zu zeigen, das in uns steckt.

Herkes olduğu gibi eşsizdir.

Jeder ist auf seine besondere Art und Weise einzigartig.

Kim olduğunla ve gördüklerinle mutlu ol.

Sei glücklich, wie du bist und freue dich über alles, was du siehst.

Dünyanın neresinden olduğunun hiçbir önemi yok, teninin hangi renk olduğu gibi. Sadece kendin ol ve seni yürekten ne mutlu ediyorsa onu yap.

Egal, woher du kommst. Egal, welche Hautfarbe du hast.
Sei Du selbst und mach das, was dich vollkommen glücklich macht.

Yüzünde gülücükler açtığında ve mutluluktan heyecanlandığında, seni ne güldürüyorsa o an, onu daha çok yap.

In dem Moment, in dem du die Schmetterlinge in dir spürst und ein Lächeln auf deinem Gesicht hast, mach mehr davon, um Dich zum Lächeln zu bringen.

İçten mutlu olabilmek için hatırlaman gereken şey.

Merke dir eins, um mit dir glücklich zu sein...

Kendine aynada bak ve sesli bir şekilde şunu söyle "Kendimi olduğum gibi seviyorum ve tenimle mutluyum".

Sieh dich im Spiegel an und sage dir laut: „Ich bin genau richtig, so wie ich bin und glücklich in meiner Haut."

Eğer kendini sever ve kendine inanırsan, her şeye ulaşabilir ve kazanabilirsin.

Ben olmak beni yapar....

Ich selbst zu sein macht mich....

....

Peki sen?
Seni ne mutlu ediyor?

Was ist mit dir?
Was macht dich glücklich?

Kendimle Mutluyum
Glücklich mit mir
Copyright © Lingo Babies, 2021

Written by Marisa J. Taylor Illustrations: Vanessa Balleza

ISBN: 978-1-8382473-9-3 (paperback)
ISBN: 978-1-914605-31-4 (hardcover)

Graphic Design: Clementina Cortés
Turkish Translation: Hande Mujde Arseven
Turkish Editor: by Aysen Kenar

All rights reserved. No part of this book may be reproduced or used in any matter without written permission of the copyright owner.

www.ingramcontent.com/pod-product-compliance
Lightning Source LLC
Chambersburg PA
CBHW041500220426
43661CB00016B/1209